$L6.480.$ ⁴²

Pierre-Félix CHAMPION,

Commissaire du DIRECTOIRE *exécutif près l'Administration centrale du Jura,*

AU CORPS LÉGISLATIF,

ET AU

DIRECTOIRE EXÉCUTIF.

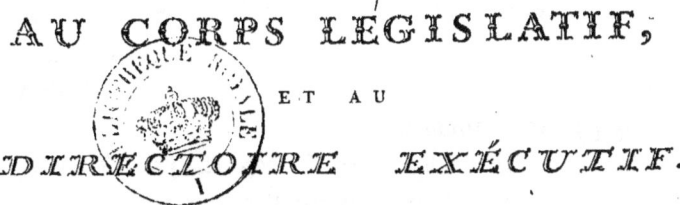

Citoyens,

TANT que les atroces calomnies, dirigées contre le Jura, n'ont été consignées que dans des journaux, les Fonctionnaires publics n'ont dû leur opposer qu'un dédaigneux silence; mais elles ont retenti dans le Conseil des Cinq-cents, elles ont été renvoyées au Directoire: les explications que je ne devais pas à mes dénonciateurs, je m'empresse de les donner à mes Juges.

Le Corps législatif, sans doute, aura eu quelque peine à croire qu'un vaste Département était livré à l'assassinat, au meurtre, à l'incendie; qu'il s'y faisait des rassemblemens au nom de Louis XVIII; que des dépôts d'armes

A

étaient sous la main des brigands ; que des effets de campemens étaient prêts, sans que le Directoire eût pris aucune mesure pour étouffer cette révolte, pour arrêter le cours de tant de crimes.

Les Autorités civiles, les Autorités militaires, toutes les sentinelles placées par le Gouvernement étaient endormies ; les égorgeurs, les égorgés, les bourreaux, les victimes, tout s'était donné le mot pour garder un perfide silence, et ce Département était perdu pour la République, si Genisset, Lémare, Ruty, etc. n'eussent sonné l'allarme et signalé les ennemis.

Honoré de la confiance du Directoire, j'ai dû partager avec tous les Fonctionnaires publics leur ressentiment et leur fureur.

Ils se sont plaints de l'influence funeste qui me maintient en place, près l'Administration centrale, en qualité de Commissaire.

Il faut leur dévoiler franchement le secret de cette intrigue, leur expliquer ce que j'ai fait pour seconder les vues du Gouvernement, pour répondre à sa confiance ; non, pour faire un étalage ridicule de quelques succès, mais pour venger les habitans du Jura, des outrages dont ils sont abreuvés, et leur rendre une solemnelle et éclatante justice.

Dans l'espace de six mois, il est entré dans les caisses publiques plus de deux millions en numéraire sur les contributions directes. Tous les exercices antérieurs à l'an 6 sont entièrement soldés. On a fait sur l'an 6 des recouvremens considérables. Deux Départemens seulement nous ont vaincus dans cette lutte honorable de zèle et d'exactitude ; le Directoire a bien voulu charger le Ministre des finances de nous transmettre les témoignages de sa satisfaction à cet égard.

Depuis le 14 Vendémiaire, plus de seize cents réquisitionnaires ont rejoint leurs drapeaux, et plusieurs fois le Ministre de la guerre a, par ses suffrages, encouragé mes efforts.

Je sens que les dénonciateurs du Jura ne s'occupent guères de la situation du trésor public, ni de la force et de la gloire de nos armées ; mais le Gouvernement y attache un peu plus d'importance, et il croira difficilement que dans un pays révolté on puisse obtenir de semblables succès.

Loin que ce Département soit livré à des vengeances et à des réactions criminelles, tel y est l'empire et la puissance de la loi, telle est la confiance qu'inspirent le caractère et la fermeté de ceux qui en sont les organes, que des hommes qui, dans des temps qu'il faut oublier, ont acquis la plus triste célébrité, habitent au milieu de nous avec cette sécurité qu'on trouve au milieu d'un peuple juste, généreux et humain.

Prétendus réfugiés du Jura, vous l'avez éprouvée, vous l'éprouverez encore cette protection puissante que les lois accordent à ceux mêmes qui les outragent (1) ! Mais il est un supplice, il est des tourmens auxquels il nous est impossible de vous soustraire. Nous ne pouvons pas enlever de votre cœur le venin qui le dévore (2), calmer le trouble qui l'agite, en arracher les furies qui le tourmentent (3). Vous devez subir, vous subirez, dans toute son horreur, le supplice des féroces tyrans. Vous verrez autour de vous la paix, le calme, les consolations, les jouissances de la vertu, et vous frémirez d'avoir renoncé à ses douceurs (4).

Dans ce Département les lois sont exécutées ; elles le sont sans contrainte ; elles sont voulues ; elles sont aimées. On veut la République, on adore la liberté. Si quelques Administrations municipales ont offert des magistrats placés par l'intrigue, faibles, lâches, insouciant, déjà la plupart sont écartés de leurs fonctions,

---

(1) *Legum præsidio qui plurimum in illas peccaverunt proteguntur.*
SEN. de Ben. Lib. 4.

(2) *Malitia ipsa maximam partem veneni sui bibit.* Sen. Epist. 81.

(3) *Sua quemque fraus et suus terror maximè vexat. Suum quemquè scelus agitat, amentiáquè afficit. Suæ malæ cogitationes conscientiæquè animi terrent. Hæ sunt impiis assiduæ domesticæquè furiæ.* CICERO pro Roscio.

(4) *Magne pater divum, sævos punire tyrannos*
Haud aliâ ratione velis, cum dira libido
Moverit ingenium ferventi tincta veneno,
Virtutem videant, intabescantquè relictâ. PERS. Sat. 3.

et l'Administration centrale s'occupe journellement de ces épurations nécessaires.

C'est dans ces travaux qu'est toute l'influence dont s'irritent mes accusateurs ; je n'en réclame, je n'en veux aucune autre. Je n'ai pas, comme eux, la présomption de me croire propre à remplir les fonctions publiques (5). Loin de les briguer, je les redoute et les fuis ; et si j'ai accepté celles auxquelles j'ai été appelé par le Peuple ou par le Gouvernement, c'est que j'ai pensé que tout citoyen était obligé de répondre à cet appel, et que celui-là aimait faiblement son pays, qui ne savait pas lui sacrifier son repos et son bonheur.

On m'accuse 1.° d'être le commensal de Terrier-Monciel et des Lameth au 10 Août.

Ceux qui connaissent mes habitudes solitaires savent que je ne suis le commensal de personne.

Jamais je n'ai mangé avec Terrier-Monciel. J'ai passé une année à Paris avec Théodore Lameth, mon collègue à l'Assemblée législative ; je n'ai mangé ni chez lui, ni avec lui ; je ne connais pas du tout ses frères ; je n'ai jamais eu aucune relation avec eux.

Ceux qui aiment qu'on cite avec exactitude, remarqueront que Terrier-Monciel n'était pas Ministre au 10

---

(5) Ci-joint *une liste de républicains vertueux et instruits qui peuvent remplir les fonctions publiques, trop long-temps souillées par des traîtres.*

Adresse, rédigée au nom du canton de St Laurent, par Lémare.

août. Il fut nommé le 18 juin 1792. Le 10 juillet suivant, il donna sa démission.

2.° D'être le protégé d'Antoinette.

Si les dénonciateurs du Jura s'en fussent tenus à ces heureuses découvertes, leurs fables ridicules n'eussent excité que la pitié. Les tableaux hideux, tracés par leur imagination féroce et sanguinaire, ont fait frémir d'indignation et d'horreur.

3.° D'avoir accordé un brevet d'exemption à un égorgeur.

Pierre-Henri Parisot, de l'âge de la réquisition, commis dans les bureaux du Receveur des Domaines, et qui, à raison de sa faible complexion, n'a jamais servi dans aucun corps, m'a présenté des attestations de deux Officiers de santé constatant les infirmités qui le mettaient hors d'état de servir. Je pouvais, conformément à l'arrêté du Directoire exécutif, du 4 ventôse an 4, lui accorder une exemption provisoire ; mais je n'étais pas appaisé ; je le fis visiter de nouveau par un Conseil de santé, composé de quatre Officiers de santé éclairés et patriotes, et d'après leur avis unanime, il a obtenu une exemption provisoire de . . . . . . *deux décades.* (6).

Il est parti, dit-on, pour Paris, pour solliciter son congé et se flattant, sans doute, d'y trouver plus d'indul-

―――――――――――――――――――――――――――

(6) Voyez le certificat du Conseil de santé.

gence. Tout-à-coup le voilà transformé en un *égorgeur*, *envoyé à Paris par la horde assassine pour lutter contre la vérité avec un poignard*.

4.° Ils ont assuré que j'étais merveilleusement secondé par la grande majorité des Commissaires de Cantons, presque tous pris parmi les nobles, les protestans de l'Assemblée constituante et les plus forcenés réacteurs.

Quand cela serait vrai, on ne pourrait m'imputer l'erreur de ces choix auxquels je n'ai pas concourru ; mais on défie les pétitionnaires de nommer parmi les Commissaires de Cantons, un seul ex-noble. On y compte un ex-constituant; on n'y connaît aucun réacteur.

La commission nommée par le Conseil des Cinq-cents s'étonnera, sans doute, de l'inconcevable délire qui a dirigé ce système de diffamation et de calomnie. Elle s'étonnera peut-être aussi que des hommes qui n'ont manqué ni d'audace, ni de fureur, n'aient pû trouver dans la vie entière d'un fonctionnaire public quelque prétexte d'accusation plus spécieux et plus vraisemblable.

Citoyens Législateurs, le Département du Jura, ses Députés, ses Administrateurs, ses Juges, tous ses Fonctionnaires publics ont été en but aux plus horribles calomnies. Ils ne se plaindront pas de ces accusations injustes, de cette effroyable licence. On la vit dans Athènes, dans Sparte, dans Rome; on la toléra chez tous les peuples libres : sans doute, elle tient à la liberté. Que tout citoyen puisse donc s'expliquer impunément sur le compte d'un autre citoyen (7); mais que l'accusateur soit aussi connu que l'accusé. Que ces infâmes Vatinius se nomment et l'on s'honorera de leurs outrages (8).

Ils vous ont demandé la translation des Autorités constituées dans la commune de Poligny. Je ne suis point appelé à prononcer sur les prétentions de deux Communes rivales. Mais si ce projet est sage, pourquoi faut-il qu'il ait été proposé par des hommes si peu sages (9).

Citoyens Directeurs, quand, le 18 Fructidor, vous avez triomphé des perfides amis des rois; c'est pour la République, c'est pour la Constitution que vous avez vaincu, et non pour la féroce et cruelle anarchie !

---

(7) Parce qu'il est, par manière de dire, nécessaire que non-seulement toutes allouettes aient houppe sur la tête, comme dit Symonides, ains aussi qu'en toutes villes régies par police populaire, il y ait des calomniateurs, il s'en trouva deux dans Syracuse de ceux qui avaient accoutumé de haranguer devant le peuple qui s'attachèrent à Timoléon.... PLUTARQUE, trad. d'Amyot. *Quum quidam .... non nulla inveherentur in Timoleonta dixit, tunc demùm se voti esse damnatum; namquè hoc a diis immortalibus semper precatum ut talem libertatem restituerent Syracusanis, in quâ cuivis liceret de quo vellet impunè dicere.*

(8) *Hominem nostræ civitatis audacissimum, factiosum, sordidum, accusatorem.* Portrait de Vétinius par Calvus.

(9) Un homme de mauvaises mœurs ayant ouvert un bon avis dans le conseil de Sparte, les Ephores, sans en tenir aucun compte, firent proposer le même avis par un citoyen vertueux.
Contrat social. Liv. 4. C. 7.

Habitans du Jura ! vous ne répondrez à vos calomniateurs que par votre patriotisme et vos vertus. Les nouveaux excès de quelques hommes dont les noms odieux se lient aux plus horribles souvenirs, ne tourneront point au profit d'une faction plus dangereuse encore et plus perfide. Vous terrasserez tout-à-la-fois la royauté et l'anarchie, et la haine que vous inspirent ces nouveaux Catilina ne vous fera pas regretter les Tarquins.

CHAMPION.

CERTIFICAT DE VISITE.

Conseil de santé établi près l'Administration centrale du département du Jura.

Nous, membres du Conseil de santé, établi en vertu de l'Arrêté du commissaire du Directoire exécutif et des guerres, du 28 vendémiaire an 6, déclarons qu'ayant examiné le citoyen *Pierre-Henri Parisot*, demeurant à Lons-le-Saunier, canton idem, réquisitionnaire, âgé de vingt-sept ans, nous avons reconnu qu'il n'est pas dans le cas de rejoindre les armées de la République d'ici à deux décades, pour guérir et terminer le reliquat de la fièvre dont il est affecté. En foi de quoi nous lui avons délivré le présent certificat.

Fait à Lons-le-Saunier, le 15 brumaire de l'an 6 de la République française, une et indivisible.

Signé, Brillon, d. m., Humbert, d. m., Guyétant, d. m. et Clavelin, officier de santé.

Certificat d'exemption de la réquisition pour cause d'infirmité ou maladie.

LE Commissaire du Directoire exécutif près l'Administration du Département du Jura, certifie que le citoyen *Pierre-Henri Parisot*, réquisitionnaire, né à Moudrecourt, Département de la Meuse, domicilié à-présent à Lons-le-Saunier, Département du Jura, étant du nombre des citoyens de la réquisition, en est exempt provisoirement pendant deux décades, à dater du présent, d'après les deux déclarations délivrées par les citoyens composant le Conseil de santé, domiciliés à Lons-le-Saunier et nommés pour constater l'état de santé et les infirmités des militaires de la réquisition, lesquelles déclarations m'ont été envoyées et seront renouvelées à l'expiration du présent, suivant l'arrêté du Directoire exécutif du 4 ventôse de l'an 4 de la République.

Fait à Lons-le-Saunier, le seize Brumaire l'an 6 de la République française, une et indivisible.

CHAMPION.

A LONS-LE-SAUNIER,
Chez DELHORME, Imprimeur de l'Administration centrale du Jura,
An VI.

www.ingramcontent.com/pod-product-compliance
Lightning Source LLC
Chambersburg PA
CBHW071434060426
42450CB00009BA/2178